NOTE

SUR

LES SCEAUX DE L'ORDRE

DE

SAINT-JEAN DE JÉRUSALEM

PAR

M. J. DELAVILLE LE ROULX

Associé correspondant national de la Société nationale
des Antiquaires de France.

Extrait des *Mémoires de la Société nationale des Antiquaires de France*, tome XLI.

PARIS

1881

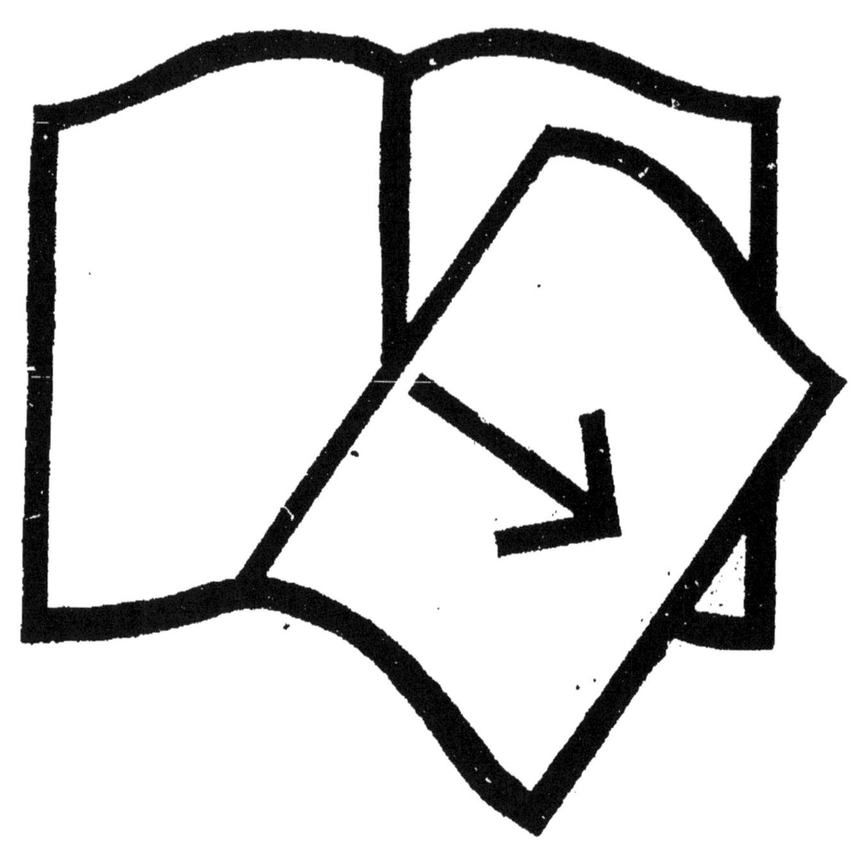

Couverture inférieure manquante

NOTE
SUR LES SCEAUX DE L'ORDRE
DE
SAINT-JEAN DE JÉRUSALEM

L'étude des sceaux de l'ordre de Saint-Jean de Jérusalem n'a jusqu'à présent donné lieu à aucun travail d'ensemble; on a décrit et étudié quelques sceaux, mais on était la plupart du temps arrêté par des problèmes, dont la solution eût exigé tout un ensemble d'observations antérieures se soutenant l'une l'autre, et permettant ainsi d'établir, à l'aide d'un grand nombre de faits concordants, des inductions irréfutables. Je n'ai pas la prétention de résoudre ici toutes ces questions restées jusqu'ici en suspens, et moins encore de me livrer à l'étude générale de la sigillographie de l'ordre de l'Hôpital; un tel travail, pour être mené à bonne fin, demande de longues années; mais j'ai cru qu'il était possible d'arriver à résoudre ces problèmes en les abordant d'un autre côté qu'on ne l'avait fait jusqu'à présent. Au lieu de commencer par m'occuper des monuments eux-mêmes, j'ai pensé qu'en dépouillant les documents d'archives, les statuts de l'ordre, les données diverses qu'offrent les manuscrits historiques, on pourrait trouver à *priori* sur la sigillographie de l'ordre de Saint-Jean des renseignements intéressants, et que partant de ces renseignements on pourrait arriver aux solutions désirées en les rapprochant des observations que mes devanciers avaient faites à *posteriori*.

Le résultat obtenu n'a pas trompé mon attente, et ce travail de rapprochement m'a amené à pouvoir non seulement répondre à la plupart des questions qui se posaient aux érudits, mais encore établir la justesse et la légitimité des documents écrits relatifs à la matière : contrôlant ainsi des textes par les monuments et des monuments par les textes.

Nous avons, sur la sigillographie de l'ordre de Jérusalem, un document de première importance qui passe en revue non seulement les sceaux du grand maître, mais encore ceux des principaux dignitaires de l'ordre ; document d'autant plus précieux que nous pouvons conclure de la justesse avec laquelle y sont décrits les spécimens connus, à l'exactitude de la description qu'il nous donne des types encore inconnus et beaucoup plus nombreux qu'il énumère.

Il est tiré d'un manuscrit des statuts de l'ordre de Jérusalem, écrit dans les dernières années du XIIIe siècle ; nous pensons même que le passage que nous reproduisons ici est plus ancien et a été transcrit à nouveau d'après une version antérieure dans le manuscrit, puisqu'il y est fait mention du châtelain du Krac, et que cette forteresse fut enlevée aux Hospitaliers sous le magistère de Hugues Revel (1271) ; de même le sceau capitulaire, établi, comme nous le verrons plus loin, par une décision du chapitre général de 1278, n'est pas mentionné dans notre document. Nous croyons donc qu'il convient d'en reporter l'âge au milieu du XIIIe siècle. En voici le texte :

Ci dit des bulles que le maistre et les autres baillis del hospital bullent.

« Premierement le maistre bulle de II bulles, « I de plomb, autre de cire. Et celie de plomb est « de l'une partie le maistre à genoillons par devant « la crois ; d'autre partie est I cors d'ome mort « d'avant devant I tabernacle. Et cele de cire « noire a dimi home.

« 2. — Apres le grant comandeor general « d'outre mer bulle d'une bulle come le maistre en « cire.

« 3. — Le grant comandeor desa mer bulle de « cire vert al oizieal grif.

« 4. — Le mareschal de cire vert avec I che-

« valier armé o totes armes avec I confanon en la « main.

« 5. — L'ospitalier bulle de cire noire avec I lit « où il ai I malade et I fraire qui que li doint à « mangier.

« 6. — Le comandor de Chipre bulle d'une « bulle euque y a une barca sens arbre et sens « veille.

« 7. — Le comandor d'Ermenie bulle d'un « demi-leon.

« 8. — Le chastellan dou Margat bulle d'une « oliflant.

« 9. — Le chastelain dou Crac d'un chastel.

« 10. — Le drapier et le tresaurier bullent « chascun de lor bulles.

« 11. — Le prior de saint Gile de cire noire « avec I agnus Dei.

« 12. — Le prior de France bulle de cire vert « avec I aigle à II flordiles de costé.

« 13. — Le grant comandor de Alamaigne bulle « d'une bulle de cire vermeille ou I saint Johan « Batptiste.

« 14. — Le grant comandor d'Espaigne bulle « d'une bulle avec I aigle de cire vert.

« 15. — Le chastellain d'Anposte bulle de cire « vert avec I chastell.

« 16. — Le prior de Navare bulle de sa bulle.

« 17. — Le prior de Castelle avec I castel o cire « noire.

« 18. — Le prior de Catulia bulla de cire vert,

« la meite seyal del rey d'Aragon, el altre meytet « i crois[1]. »

Il est difficile, croyons-nous, de trouver un texte plus précis et plus complet. Nous allons, dans le présent travail, grouper autour de lui ce que nous savons des sceaux des grands maîtres, du couvent et des dignitaires de l'ordre ; nous espérons ainsi compléter en plusieurs points les mentions qu'il nous fournit et confirmer en même temps leur exactitude.

I.

SCEAUX DES GRANDS MAITRES ET DU COUVENT.

§ I. *Sceaux de cire et de plomb.*

Les grands maîtres de l'Hôpital de Saint-Jean de Jérusalem ont eu, dès le XIIe siècle, deux sceaux différents, l'un en cire — ce fait nous est attesté par les statuts de l'ordre, dès l'époque d'Alphonse de Portugal (avant 1204), — l'autre en plomb, contemporain de la fondation de l'ordre, et dont nous connaissons des exemplaires dès l'époque de Castus et de Rostagnus (1169-1171).

Il est assez difficile de préciser l'usage que les grands maîtres faisaient de l'un et de l'autre ; les termes des statuts ne sont pas suffisants pour éclaircir la question :

1. Bibl. nat., franç. 6049, f. 298-299.

« Quand le maistre et le covent s'assemblent « pour faire grant comandour en l'ospital, il est « establi premier, e a la bulle dou maistre de « cyre, et il bulle de cele par tous les leus là où le « maistre n'en est, et a commandement par tous « les leus desà mer.....

« Et apres le grant commandeour estoit establi « le tresorier. Il bulloit en nom [de la bulle] du « maistre, de la bulle du maistre en cire, et sa « bulle duroit tant comme la bulle de la table de « l'ospital de Jérusalem [1]. »

Nous croyons cependant, en tenant compte de la nature des documents scellés de cire qui nous sont parvenus et des textes cités plus haut, qu'on doit admettre que le sceau de plomb était réservé aux actes les plus importants, à ceux dans lesquels le grand maître n'était pas seul en cause, mais agissait de concert avec le couvent ; le sceau de cire servait, au contraire, à sceller les actes d'un caractère plus particulier, que le grand maître suffisait à accomplir sans l'assistance du chapitre de l'ordre.

La bulle de la table de l'Hôpital de Jérusalem, dont parlent les statuts d'Alphonse de Portugal, ne devait être autre chose que la bulle de plomb, portant d'un côté l'effigie du grand maître en exercice et de l'autre celle de l'Hôpital. — A chaque

1. Statuts de l'ordre. (Alphonse de Portugal, nos 26 et 29. — Bibl. nat., fonds franç. 1978, p. 50-1 ; 13531, f. 20.)

changement de maître il fallait changer le type de l'avers; il fallait aussi reprendre la bulle de cire des mains du grand commandeur ou du trésorier; comme la bulle de plomb, elle devenait sans effet. Peut-être cependant appelait-on ainsi une bulle de cire qui, au XIVe siècle, était désignée sous le nom de « bulle commune de cire », et dont nous ne connaissons aucun exemplaire, à moins pourtant que le sceau que Pauli a reproduit, sous le n° 30 de sa planche III, ne soit cette bulle de la table de l'Hôpital. Elle porte l'agneau pascal avec l'inscription SIGILLVM S. IOANNIS — et au revers une croix grecque avec la légende : ✝ HOSPITALIS. IHRLM.

Il nous reste enfin à parler d'une autre bulle de plomb, la bulle capitulaire, dont nous connaissons exactement l'origine et la destination. Sa création fut décidée en 1278 sous le magistère de Nicolas Lorgne; les actes auxquels elle dut être appendue furent spécifiés avec précision au chapitre général tenu à Acre, cette même année, comme on le verra par le document qui suit :

Chapitre d'Acre de 1278 (Nicolas Lorgne)[1].

« Premierement fu establi par le commun acort « du convent que uns coins deussent estre faiz,

1. Bibl. nat. franç. 13531, f. 25. — Cf. 1778, f. 70-1. — Cet établissement est analysé assez inexactement dans les *Statuts* de l'ordre édités par J. Bosio à Rome en 1589, tit. VII, 38, p. 124.

« les quiex coins fussent au nom du maistre et du « convent; des quiex coins se doivent buller toutes « les chartes des donacions qui se feront perpe- « tuaus ou à vie par acort du convent soit à frere « ou agent du siecle ou à autre gent d'iglise.

« Item, encore doivent estre bullées de ces coins « toutes manieres de vendicions ou eschanges « qui se feroient par conseil du convent et du « maistre. C'est assavoir des possessions et des « choses establies.

« Item, il est establi que de la meisme bulle « fussent bullées les chartes des reparacions et de « toutes les baillies par chapitre general et toutes « la repelacion des maisons qui auroient esté « données à vie de frere par acort du maistre et « du convent.

« Item, est establi que toutes manieres d'obliga- « cions qui se feront par conseil do maistre et du « convent et de composicions et de changes d'une « possession à autre et de toutes manieres d'em- « prises et de toutes manieres de procuracions « qui à riens puissent estre valables soient bullées « de la dessus dite bulle.

« Item, encore fu establi que la dite bulle fust « souz la bulle du maistre et en la garde du treso- « rier souz la bulle du grant comandour d'Acre et « du mareschal et de l'ospitalier.

« Item, il est establi que, sur touz les faiz qui ne « sont escripz en cest establiment, que la bulle du « maistre que il a, sa en arrieres, eu soit de plon

« ou de cire soit valable et obeye aussi comme « elle a esté ça en arrieres. »

Quelques années plus tard, les abus qui se produisaient dans l'expédition des actes et la complaisance apportée par les fonctionnaires qui avaient charge de les sceller, tirèrent l'attention du chapitre général (Limasson, 28 sept. 1302) et il fut décidé que les bulles ne devaient être apposées qu'après la lecture de l'acte, en présence du grand commandeur, du maréchal, de l'hospitalier, du trésorier et de celui qui « escript les accordemens qui se font au chapitre[1] » ; les sceaux des prieurs donnèrent également lieu à plusieurs réglementations dont nous parlerons plus bas.

Au milieu du XIVe siècle, une tentative en sens contraire eut lieu sous Roger des Pins ; le chapitre décida que la bulle du grand maître suffirait pour authentiquer les donations de baillies faites temporairement ; mais quelques années plus tard on sentit la nécessité de revenir sur cette résolution, et sous Raymond Bérenger on rétablit l'obligation de la bulle commune pour ces sortes de donations, — sauf pour les censives à Rhodes que le grand maître put donner sous son seul sceau[2].

1. Établissements de Guillaume de Villaret. — Bibl. nat., fonds franç. 13531, f. 32 v°.

2. Établissement de Roger des Pins, n° 14 (18 février 1358, n. s.). — « Item est establi que lettre de baillie qui sera donné à temps sur année deça mer au convent au conseil des

L'absence du grand maître de Rhodes rendait souvent difficile l'expédition des affaires, et notamment celle des actes qu'on ne pouvait sceller ; sous la lieutenance de Bertrand Flote, le chapitre général (20 fév. 1379 n. s.) donna valeur égale au sceau du lieutenant apposé en l'absence du grand maître.

Nous citons ici le texte de cet établissement parce qu'il donne de nombreux détails sur la manière dont s'expédiaient les actes à la chancellerie de l'ordre :

« Item, que les graces faictes ou temps passé « aulx freres du convent et à aultres delà mer par « le lieutenant de maistre et le convent n'ont pas « esté enterinées ne misses à execucion pour la « cause et occasion de ce que elles estoient bullées « de la bulle commune de cire et non de bulle de « plomb comme de maistre et de convent ; pour « laquelle chose ceulx aulxqueulx furent faictes « les graces ont souffert maintes paines et tra-

preudhommes soit bullée seullement de la bulle du maistre et que autant de auctorité et de valeur ait comme se elle fust bullée de la bulle commune du maistre et du convent. » (Bibl. nat., fonds franç. 1080, f. 48 v°.)

Établissement de Raymond Bérenger, n° 7 (5 mars 1367, n. s.). — « Item est establi que, non obstant l'establissement de maistre Rogier des Pins, les lettres des prieurs et des baillis et maisons qui seront donnés par le maistre et le convent soyent bullées de la bulle commune, et à donner terres ou vignes à sensive en l'isle de Rodes soit vaillable la bulle du maistre en aultres choses comme est acoustumé. » (Bibl. nat., fonds franç. 1080, f. 50.)

« vaulx ; pour quoy, à l'instance et requeste des « freres des VII langues ad ce, pour occasion de « ce que dit est, les graces faictes par les dessus « dis aulx freres deçà mer et delà mer ne puis- « sent estre empeschées ne reffusées que elles ne « ayent leur effect, est establi que le lieutenant « du magistere, ledit maistre estant hors de l'isle « de Rodes, doye et puisse buller de bulle de « plomb commune de lui et de convent, et que « tous freres et subjects de l'ospital en vertu de « sainte obedience et du sacrement qu'ilz ont en « la religion doyent et soient tenus de obeir aulx « lettres seellées de telle bulle et à icelles adjous- « ter et donner plainiere foy sans contredit. Et est « establi que la dicte bulle soit tenue et gardée « pour la maniere que a esté acoustumé de garder « et tenir la bulle commune du maistre et de « convent. Et encores est establi que le maistre « venu et estant au convent, la dicte bulle en « assemblée soit cassée, le serement premiere- « ment fait, et toutes les lettres et graces aultres « baillées de la dicte bulle demourans et estans « en leur valeur et vigueur selon la forme et le « contenu d'icelles, par le maistre à present ne « ses successeurs ne puisse estre reffusée des « dictes graces et lectres la confirmacion à ceulx « qui la vouldroit avoir[1]. »

Le sceau capitulaire subsista jusqu'à nos jours,

1. Bibl. natl, fonds franç. 1080, f. 56 v°-57.

et est encore employé à la chancellerie de l'ordre actuel, à Rome[1]. Les deux sceaux du grand maître existaient encore au XVIIIe siècle, et leur usage était défini ; la bulle de plomb, ayant d'un côté sa figure, et de l'autre le coin commun, servait à sceller toutes les patentes expédiées par prééminence magistrale ; l'autre, d'argent, qu'on bullait en cire noire, était réservée aux autres patentes[2]. Enfin un cachet avait été ajouté aux sceaux primitifs, il était aux armes du grand maître, qui l'employait à cacheter ses lettres aux princes étrangers et aux personnes de qualité[3]. Actuellement, le grand magistère se sert de deux sceaux aux armes de l'ordre, ayant pour inscription, l'un : MAGISTERIUM ORD. S. JOAN. HIER., et l'autre : GRAN MAGISTERO DELL' ORDINE SOV. DI MALTA. Si l'on y ajoute un timbre à sec, qui autour de la croix à huit pointes porte l'inscription : CANCELLERIA DEL S. M. O. GEROSOLIMITANO, et qui est apposé aux actes émanant de la chancellerie et signés par le chancelier, on voit comment ont été remplacés les sceaux et les cachets du grand maître : ils ont

1. La même bulle, au lieu d'être scellée en plomb, est employée, de nos jours, simplement sur papier renforcé d'un pain à cacheter pour sceller les extraits de décrets ou de délibérations conciliaires.

2. Cette bulle était plaquée sur cire noire. Nous en avons des exemples nombreux, notamment de Lascaris et de Cotoner. (Arch. des Aff. étrang. Malte, *passim*.)

3. Arch. nat., MM. I, p. 26.

SCEAUX DE L'ORDRE DE SAINT-JEAN DE JÉRUSALEM.

pris un caractère impersonnel en devenant les sceaux du *magistère*, et non plus ceux du *grand maître*.

§ II. *Types des sceaux*.

Le type en plomb des sceaux magistraux est toujours le même. Il s'est conservé ainsi depuis l'origine de l'ordre jusqu'à sa chute; le plus ancien que nous connaissions est celui de Castus, en 1169. Il est rond, avec la figure du grand maître de profil, tourné à droite, les mains jointes, agenouillé devant une croix à double traverse; des deux côtés de la hampe sont les lettres A Ω. La légende, entre deux grenetis, en assez gros caractères porte : † CASTVS CVSTOS. Au revers un personnage couché. Au-dessus de lui, un édifice à coupole centrale et deux coupoles latérales plus petites avec lampe suspendue à cette coupole; une croix à la tête du personnage couché et une croix à ses pieds. Comme légende : † HOSPITALIS HIERVSALEM, entre deux grenetis, en gros caractères.

Ce sceau a été publié dans Pauli[1]; il est conservé à Malte; nous en donnons une reproduction plus fidèle.

Une seule modification s'est produite dans le

1. Pauli. *Cod. Dipl.* I, tab. VIII, n° 2. — Arch. de Malte, div. I, vol. XVI, pièce 1. — Voir *planche* II, nos 1-2.

type du sceau : au bas de la croix on a pris, dès le commencement du XIVe siècle[1], l'habitude de placer une figure dans laquelle on a cru reconnaître le crâne d'Adam sur lequel la tradition voulait qu'eût été plantée la croix au Calvaire; cette pièce s'est bientôt transformée en une sorte de M oncial; dans les sceaux des prieurs d'Angleterre, dont le type est analogue, la croix repose sur un monticule; peut-être le monticule successivement réduit a-t-il donné naissance à une sorte de boule, analogue à celle qui figure dans le sceau de Rostagnus[2], signalé par M. Schlumberger, et de là les graveurs ont-ils fait ce que nous voyons sur plusieurs des sceaux de l'Hôpital.

Quoi qu'il en soit, le sceau du grand maître J.-B. Orsini (1467-76) est le dernier sur lequel nous trouvons cette pièce; le cardinal d'Aubusson (1476-1503) s'affranchit du type consacré, en plaçant la croix sur une sorte de prie-Dieu avec le chapeau cardinalice et les armoiries de sa maison; l'artiste a cédé à une préoccupation artistique, mais ce sceau n'est qu'une exception[3]; les successeurs du cardinal rentrent dans la tradition.

1. Le crâne d'Adam apparait sous Guillaume de Villaret; M. Schlumberger ne le reconnaît pas dans le sceau de son successeur Foulques de Villaret; mais, à partir d'Hélion de Villeneuve, il figure dans tous les sceaux jusqu'à la fin du XVe siècle.

2. Schlumberger. Revue archéologique, 1876 : *Deux sceaux et une monnaie des grands-maîtres de l'Hôpital*, p. 3.

3. V. Arch. de Malte, div. I, vol. XVI, pièce 72.

Quant à la légende, elle s'est peu modifiée. A celle du XIIe siècle, on ajoute le mot *frater* après le magistère de Guérin de Montaigu (1210-1230)[1]; sous Hélion de Villeneuve, elle devient FRATER ELIONUS CUSTOS PAUPERUM (gravé PAM chez lui); enfin à partir du grand maître J.-F. d'Heredia, elle est : JOHNS FERDINANDI D. EREDIA MAGISTER, pour subsister ainsi sans changements.

Le type du revers a donné lieu chez les numismates à beaucoup de conjectures. Le personnage couché est pour les uns un malade atteint de la peste, pour les autres le Christ au tombeau[2]. Le texte que nous avons publié donne tort à ceux-ci comme à ceux-là. D'après ce texte, ce n'est pas un malade, — le malade ne figurait que sur le sceau de l'hospitalier, accompagné d'un frère qui lui donnait à manger; ce n'est pas non plus l'image du Christ, mais un « cors d'ome mort d'avant » placé devant un tabernacle. Cette interprétation, devenue certaine par le texte cité plus haut, avait déjà été formellement donnée dès 1781

1. Schlumberger : *Sceaux et bulles de l'Orient latin au moyen âge*, 1879, p. 49.

2. Pour la première opinion, Friedlænder : *Zeitschrift für Numismatik*. Berlin, IV, 1876, p. 221, et : *Münzen des Johanniter-Ordens auf Rhodus*. Berlin, 1843, p. 10; V. Langlois : *Recherches sur les monnaies frappées à Rhodes*, p. 9, d'après Friedlænder; K. Herquet : *Juan Ferrandez de Heredia*, Mülhausen i. Th, 1878, p. 87; pour la seconde, Demay : *le Costume au moyen âge d'après les sceaux*. Paris, 1880, p. 336; Wossberg : *Die Siegel der Mark Braudenburg*, Berlin, 1868, p. 23. — G. Schlumberger : *Sceaux des chevaliers de l'Hôpital* (Rev. arch. 1876, p. 5-6) ne se prononce pas.

par le Père P. A. Paoli, neveu de l'auteur du *Codice Diplomatico;* elle avait échappé jusqu'à ce jour à tous les commentateurs. Le Père Paoli repousse l'hypothèse de ceux qui voyaient dans cette représentation un malade couché sur un lit d'hôpital ; il y reconnaît le Saint-Sépulcre et un mort dans son cercueil. Il est entouré de bandelettes, dit-il, à la mode orientale, et le corps est exposé sous la lampe et les voûtes du Saint-Sépulcre ; les voûtes, ajoute-t-il, ne diffèrent pas de celles qui figurent dans les sceaux du prieur et des chanoines de ce monastère. L'encensoir, qu'on voit aux pieds du mort, symbolise les pieux hommages qu'on rend à quiconque a cessé de vivre, et tout cet appareil serait déplacé s'il s'agissait d'un malade. Il est naturel que les Hospitaliers aient choisi la plus humble de leurs pratiques charitables pour personnifier par elle leur ordre sur leurs sceaux. La pompe de la sépulture était du reste dans les habitudes des Hospitaliers, et ils avaient obtenu des privilèges spéciaux du Saint-Siège pour ensevelir leurs confrères ; en faisant figurer sur leurs sceaux une image destinée à rappeler ce souvenir, ils ne faisaient que suivre l'exemple des princes croisés qui, presque tous, mettaient sur leurs monnaies ou leurs sceaux l'emblème de leur dévotion particulière[1].

1. P.-A. Paoli : *Dell' origine ed istituto del sacro militar ordine di S. G. Gerosolimitano.* Rome, 1781, chap. VIII, § 18 ; XI, § 30.

Il reste un point à éclaircir, c'est l'apparition autour de la tête du mort d'un nimbe, parfaitement indiqué dans un grand nombre de sceaux. On comprend que le nimbe n'ait eu aucune raison d'être s'il se fût agi d'un pestiféré ; il est plus facile de penser que le graveur ait cru représenter non un mort, mais le Christ au tombeau ou quelque saint ; il est alors naturel d'admettre qu'il ait interprété l'oreiller sur lequel reposait la tête du mort pour en faire un nimbe, et comme le sentiment chrétien était loin de s'opposer à sanctifier les morts, il n'est pas étonnant que l'erreur commise par l'artiste ait subsisté, et que le symbole primitif se soit ainsi petit à petit transformé. Ce nimbe commence à se montrer sous Guillaume et Foulques de Villaret ; il est parfaitement caractérisé sous Hélion de Villeneuve et se perpétue dès lors dans la représentation du revers du sceau du grand maître.

Voici la liste des sceaux des grands maîtres que nous connaissons, et dont la description a été donnée ; ceux qui sont précédés d'un astérisque sont aujourd'hui perdus :

1. — *Raymond du Puy. — Pauli. *Cod. Dipl.* I. tab. VIII, n° 1 ; Pacciaudi. *Memorie de' gran maestri* I, 154 (d'après Pauli) ; P. Ant. Paoli, *Dell' origine ed istituto*, tab. unica, n° 1 (d'après Pauli).

2. — Castus [1169]. — Arch. de Malte, div. I. vol. XVI, pièce 1 ; Pauli, *Cod. dipl.* I, tab. VIII, n° 2 ; Pacciaudi, d'après Pauli, II, 75.

3. — Rostagnus [1169-1171]. — Collection Schlumberger, éd. G. Schlumberger : *Deux sceaux et une monnaie des grands maîtres de l'Hôpital* (Extr. de la Revue arch. 1876), p. 3.

4. — Roger de Molins — [10 avr. 1186]. British Museum. Harl. Chart. 43, I, 38. *Pauli, *Cod. Dipl.* I, tab. VIII, n° 3 (d'après un exemplaire des archives de Malte aujourd'hui perdu, daté de 1181). Pacciaudi, II, 197, d'après Pauli. — L'exemplaire du British Museum a sous la deuxième branche de la croix, entre le grand maître et l'arbre de la croix, l'A Ω ; Pauli ne mentionne pas cette particularité importante pour déterminer l'origine de cette pièce ; son dessin ne donne pas assez d'importance à la boule située au bas de la hampe de la croix, et le grand maître agenouillé est à un plan beaucoup plus élevé que le sol où est plantée la croix.

5. — Geoffroy de Donion — [11 janv. 1193]. Arch. nat., M. 2. Éd. G. Schlumberger : *Sceaux et bulles de l'Orient au moyen âge*, p. 48 ; Baron de Marquessac : *Hospitaliers de Saint-Jean-de-Jérusalem en Guyenne*, introd. II, et planche 47, n° 1 ; — de Naberat : *Sommaire des Privilèges octroyés à l'ordre de S. Jean*, 1643, p. 28 décrit cet exemplaire, mais avec des erreurs dans la légende ; — *Pauli, *Cod. Dipl.* I, tab. VIII, n° 4 (d'après un exemplaire de Malte, aujourd'hui perdu, daté du 27 avril 1201) ; Pacciaudi, III, 220, d'après Pauli.

6. — * Garin de Montaigu. — Pauli, *Cod. Dipl.* I, tab. VIII, n° 5, d'après un exemplaire de Malte, aujourd'hui perdu.

7. — * Gérin. — Pauli, *Cod. Dipl.* I, tab. VIII, n° 6, d'après un exemplaire de Malte, aujourd'hui perdu, daté du mois de mai 1236.

8. — * Pierre de Vieille-Bride. — Pauli. *Cod. Dipl.* I, tab. VIII, n° 7, d'après un exemplaire des archives de Malte, aujourd'hui perdu et daté du 18 novembre 1241.

9. — Guillaume de Châteauneuf — [mai 1243]. Arch. de Malte, div. I, vol. V, pièce 24. — Ed. Pauli, *Cod. Dipl.* I, tab. VIII, n° 8.

10. — Hugues Revel — [sept. 1276]. Arch. de Malte, div. I, vol. XVI, pièce 4. — Ed. Pauli, *Cod. Dipl.* I, tab. VIII, n° 9. — Autre exemplaire, collection du capitaine F. Gatt., à Malte.

11. — Nicolas Lorgne. — Collection Schlumberger. Ed. G. Schlumberger : *Sceaux des chevaliers de l'hôpital* (Extr. de la Revue archéol., 1876), p. 4-5.

12. — Jean de Villiers — [10 oct. 1289]. Arch. de Malte, div. I, vol. XVI, pièce 7. — Ed. Pauli, *Cod. Dipl.* I, tab. VIII, 10. — Autre exemplaire de 1286, aux archives de l'État à Mons (chapitre de Sainte-Wandru, n° 9484-5). — Autre exemplaire, coll. Schlumberger. Ed. Schlumberger : *Deux sceaux et une monnaie des grands-maîtres*, p. 4.

13. — * Eudes des Pins — [1298 ?-1300]. Ed.

Pauli, *Cod. Dipl.* II, tab. I, n° 1, d'après un exemplaire des archives de Malte, aujourd'hui perdu.

14. — Guillaume de Villaret [17 août 1300]. Arch. des Bouches-du-Rhône (O. M. l'abb. 2). Ed. Blancard : *Iconographie des sceaux et bulles des Arch. des Bouches-du-Rhône*, II, page 250, et pl. XCVII, n° 4.

15. — Foulques de Villaret — [28 nov. 1309[1]]. Arch. nat. I, 368, n° 5. — Ed. Schlumberger : *Sceaux et bulles de l'Orient au moyen âge*, p. 49.

16. — Hélion de Villeneuve[2] — [1319-46]. Arch. de Malte, div. I, vol. XVI, pièce 14. Ed. Pauli, *Cod. Dipl.* II, tab. I, n° 1. — Autre exemplaire du 25 sept. 1323. Archives des Bouches-du-Rhône (O. M. Man. 32). Ed. Blancard : *Iconographie*, II, 251, et planche XCVII, n° 5. — Autre exemplaire, éd. Friedlaender : *Die Münzen des Johanniter Ordens auf Rhodus*, Berlin, 1843, pl. II, et d'après lui V. Langlois : *Recherches sur les monnaies*, etc., pl. I, n° 2.

1. Nous avons pu déterminer cette date grâce à la mention que nous avons dans un acte du 1er janvier 1309 (n. s.) de la nomination de Pierre de « Plana Cassagna », archevêque de Rhodes, envoyé à Chypre comme légat ; il est question de ce même légat dans l'acte auquel est appendu le sceau de Foulques de Villaret.

2. Nous avons indiqué, jusqu'au XIVe siècle, la date des pièces auxquelles sont appendus les sceaux cités. A partir de cette date, les exemplaires devenant plus nombreux, nous nous bornons à indiquer les dates extrêmes du magistère des divers titulaires.

17. — Roger des Pins — [1355-65]. Arch. de Malte, div. I, vol. XXI.

18. — J.-F. d'Heredia — [1376-96]. Arch. nat. S. 5147, n° 1. Ed. G. Schlumberger : *Sceaux et bulles de l'Orient*, p. 50. — *Autre exemplaire dans Pauli. *Cod. Dipl.* II, tab. I, n° 5. — Autre exemplaire aux archives de Berlin. Ed. Vossberg : *Die Siegel der Mark Brandenburg*, p. 23 et pl. G. 1. Voir K. Herquet : *Juan Ferrandez de Heredia*, p. 87.

19. — Philibert de Naillac — [1396-1421]. Arch. de Malte, div. I, vol. XXV, p. 1. — Ed. Pauli, *Cod. Dipl.* II, tab. I, n° 8.

20. — *Jean de Lastic — [1437-54]. — Ed. Pauli, *Cod. Dipl.* II, tab. I, n° 4.

21. — Antoine Fluvian — [1421-37]. Arch. de Malte, div. I, vol. XVI, p. 68. — Ed. Pauli, *Cod. Dipl.* II, tab. I, n° 6. — Autre exemplaire. Collection Schlumberger.

22. — Jacques de Milly — [1454-61]. Arch. de Malte, div. I, vol. XXVIII. — Autre exemplaire. Collection Schlumberger.

23. — P.-R. Zacosta — [1461-67]. Arch. de Malte, div. I, vol. XXIX, p. 2. — Exemplaire fruste.

24. — J.-B. Orsini — [1467-76]. Arch. nat., L. 315, n° 19 d. — Ed. G. Schlumberger : *Sceaux et bulles de l'Orient*, p. 50-1.

25. — Pierre d'Aubusson (cardinal) — [1476-1503]. Arch. de Malte, div. I, vol. XVI, p. 72. — Ed. Pauli, *Cod. Dipl.* II, tab. I, n° 7.

26. — Aimery d'Amboise — [1503-1512]. British Museum, detached seal XXXVIII, 179.

27. — Philippe Villiers de l'Ile-Adam — [1521-1534]. Arch. nat., S. 5099, n° 6. — Ed. G. Schlumberger : *Sceaux et bulles de l'Orient*, p. 51.

A côté du type en plomb, les grands maîtres avaient un autre sceau, dont nous avons déjà eu occasion de parler, en cire, et que le document que nous avons cité (V. p. 54, n° 1) décrit fort exactement. Deux exemplaires seulement de ces sceaux nous sont connus, ils ont été signalés par M. Schlumberger[1], et appartiennent aux grands maîtres Garin de Montaigu et Hugues Revel (XIIIe s.). Le type mérite d'être indiqué : le grand maître est vu de face, à mi-corps, portant une croix brodée sur l'épaule gauche. La légende est soumise aux mêmes particularités que celle des sceaux de plomb, c'est-à-dire que le mot *frater* n'apparaît qu'après Guérin de Montaigu (1210-1230). Il n'y a pas le contre-sceau[2]. C'est ce type qui, plus tard, se transformera en sceau plaqué sur papier.

Quant au type de la bulle capitulaire, il est bien connu et sa fixité même nous permettra de ne

1. V. G. Schlumberger, *Revue archéologique* 1876 : *Sceaux des chevaliers de l'Hôpital*. — M. le baron de Marquessac avait dessiné et décrit ces sceaux dans son ouvrage : *les Hospitaliers de Saint-Jean de Jérusalem en Guyenne*, 1865, introd., pages III et pl. XLVII, n°s 3 et 4.

2. G. Schlumberger : *Sceaux et bulles de l'Orient latin au moyen âge*, 1879, p. 49.

pas nous étendre longuement à le décrire; une face porte la figure du mort couché sur un lit comme dans les sceaux magistraux, avec la légende : ✝ HOSPITALIS IHERUSALEM ; cette représentation est soumise aux mêmes variations dans l'architecture du tabernacle, le développement du nimbe, de la croix et de l'encensoir, que celles que nous avons remarquées plus haut. — L'autre face représente des hospitaliers à genoux devant la double croix de l'ordre ; cette croix est accompagnée de l'A et de l'Ω ainsi que du crâne d'Adam ; un des hospitaliers agenouillés, quelquefois plusieurs, portent la croix sur l'épaule gauche ; leur nombre varie ; les plus anciens sceaux capitulaires que nous connaissons en représentent sept, et, en se rapprochant de nos jours, huit et neuf[1] ; la légende est invariablement : ✝ BVLLA MAGISTRI ET CONVENTVS. Ces hospitaliers age-

1. Sceaux capitulaires avec sept Hospitaliers :

— Arch. des Bouches-du-Rhône. O. M. Man. Domaine, 21, et O. M. Aix, sac. D[2] 6 (Dieudonné de Gozon). Ed. Blancard. *Iconogr. des sceaux*, I, 249, et pl. XCVII, n° 1.

— Bruxelles, Musée royal d'antiquités et d'armures. O 164. (Roger des Pins ?).

— Arch. de Malte, div. I, vol. XXV, et vol. XVI, pièce 44 (Philibert de Naillac). — Voir *planche* II, n°s 3-4.

— Arch. de Malte, div. I, vol. XVI, pièce 60 (Antoine Fluvian ?).

— Collection Schlumberger. Ed. Schlumberger : *Sceaux et bulles de l'Orient latin*, p. 52.

— * Original perdu (?). — Pauli, *Cod. Dipl.* II, tab. I, n° 3.

Avec huit Hospitaliers :

— Arch. de Malte, div. 1, vol. XXXI, et Arch. de Berlin.

nouillés sont les représentants élus par chaque langue pour conseiller le maître; ce fut Hélion de Villeneuve, au chapitre d'Arles (16 nov. 1320), qui institua ce conseil destiné à assister le grand maître[1]. Ils sont prosternés devant la croix avec le grand maître; et nous n'hésitons pas à croire que les différences de nombre de ces personnages coïncident avec des modifications apportées à l'organisation intérieure de l'ordre; c'est là, pour nous, une hypothèse qui sera, nous n'en doutons pas, confirmée par les recherches ultérieures des érudits.

II.

SCEAUX DES GRANDS DIGNITAIRES.

En dehors du document que nous avons publié plus haut, nous avons quelques renseignements sur le rôle et l'emploi des sceaux des grands prieurs; les chapitres généraux de l'ordre ont eu à plusieurs reprises à s'occuper de ce point, et leurs décisions offrent un assez grand intérêt en ce

Ed. Vossberg : *Die Siegel der Mark Brandenburg*, p. 23 et pl. G. 1. (Pierre d'Aubusson.) — Voir *planche* II, nos 5-6.

— Arch. des Bouches-du-Rhône. O. M. Gr. pr. de Saint-Gilles, 151, et O. M. Rochechinard, 7 (Jean de la Valette). Ed. Blancard : *Iconographie*, I, 249, et pl. XCVII, n° 2.

Avec neuf Hospitaliers :

— Arch. des Bouches-du-Rhône. O. M. Gr. pr. de Saint-Gilles, 250. — O. M. Saint-Gilles, 249 (Adrien de Vignacourt). Ed. Blancard : *Iconographie*, I, 250, et pl. XCVII, n° 3.

1. Statuts de l'ordre, ms. de l'Athenæum de Turin, LV 45, f. 111-2.

qu'elles nous initient au *fonctionnement* des chancelleries priorales.

La première réglementation sur la matière date du magistère d'Hélion de Villeneuve ; les abus nés à l'occasion des bulles capitulaires se produisant aussi pour les sceaux communs des prieurs, le chapitre ordonna que la bulle du prieuré fût gardée sous le sceau du prieur et de quatre « proudeshommes » ; ces cinq dignitaires devaient spécialement veiller à l'apposition des sceaux ; enfin, pour l'Angleterre et l'Irlande, le droit d'engager l'ordre vis-à-vis de l'Échiquier et de la Chancellerie était formellement refusé aux prieurs[1].

Raymond Béranger, dans un établissement qui ne nous est pas parvenu, mais qu'analyse pour le confirmer et le développer le chapitre de Rhodes du 19 septembre 1420, réitéra la défense d'Hélion

1. Établissements d'Hélion de Villeneuve, n° 59 (6 oct. 1337). « Item, establi est que pour moult de dommaiges qui ont esté en nostre religion par malles gardes des communs seaulx des prieurs qui ont esté négligemment gardés, et desqueulx seaulx ont esté sellés sans conseil des proudeshommes moult d'enchartemens et de cautelles perilleuses et greveuses à nostre religion, commandons en vertu de sainte obedience desores en avant que tous les seaulx communs de nostre religion soient mys et gardés soubz le seel du prieur et de III proudeshommes de son prioré, et nulle lectre ne enchartement ne soit seellée dudit seel, se non avecques le conseil desdis prieurs et III proudeshommes et sur ce que tout commandons en Engleterre ne en Yrlande nul prieur ne aultres freres de nostre religion par quelque pouvoir qu'il ayent, non facent obligacion à l'Eschequier, à la Chancellerie. » (Bibl. nat., fonds franç. 1080, f. 39.)

de Villeneuve en y ajoutant une sanction pénale. Quiconque ne se conformait pas à ce règlement, qu'il eût joué dans la confection de l'acte le rôle d'officier public ou seulement celui de partie intéressée, devait perdre l'habit. Après avoir rappelé ces dispositions, Philibert de Naillac, en 1420, les compléta par les suivantes :

« Est adjousté que quelcunque prieur qui n'aura « seel commun, ainsi comme dit est, le face faire « et demeure ledit seel en la garde dudit prieur, « mys en I coffre soubz les seaulx de IIII prou- « dommes, et ne soit usé d'icellui forsque par la « maniere dessus declairée et non aultrement, et « soit tenu en oultre chascun prieur d'envoier par « desca au maistre et convent l'empraînte du seel « du priouré en cire en une petite boeste de boys, « affin d'en avoir tousjours audit convent la « congnoissance. Lesquelles empraintes apres que « seront par deça, soient gardées par deça au tre- « sor en ung coffre soubz la bulle du maistre et « des VII baillifs. Et est commandé de nouvel par « ce present chappitre, en vertu de sainte obe- « dience, que lesdis establissemens avec ceste « presente addicion soient tenuez et observées par « tous les priourés semblablement, par le chas- « tellain et chastellenie d'Emposte, selon leur « forme sur la paine contenue en iceulx[1]. »

1. Établissements de Ph. de Naillac (19 sept. 1420), n° 22. — Bibl. nat., fonds franç. 1080, f. 73.

Héliog. Dujardin.

Imp

SCEAUX DE L'ORDRE DE SAINT-JEAN DE JÉRUSALEM.

Il fallut, quelques années plus tard, renouveler encore cette prohibition à laquelle les prieurs avaient peine à se soumettre[1].

Quels étaient ces sceaux, dont nous connaissons l'emploi, mais dont l'aspect et les emblèmes nous sont encore inconnus? C'est ici qu'intervient le document que nous avons publié plus haut; il nous est précieux parce qu'il nous donne la description de sceaux qui, jusqu'à ce jour, n'ont pas encore été signalés, et dont plusieurs, probablement, sont à jamais perdus, tandis que pour ceux dont nous avons encore des exemplaires, nous pouvons constater la parfaite exactitude des indications fournies par notre texte. L'on va pouvoir en juger.

Le prieur de Saint-Gilles, d'après le texte que nous citons, avait une bulle de cire noire avec un Agnus Dei; cette description est fort exacte. Les sceaux du prieuré de Saint-Gilles que nous connaissons ne sont pas autrement décrits dans M. Douët d'Arcq[2]. Ils correspondent aux années 1255, 1271 et 1272; la cire est noire, sauf celle du n° 9928 qui est verte, mais c'est une exception; ce qui le prouve, c'est qu'au milieu du XVIe siècle, alors que l'usage des sceaux pendants avait été abandonné pour celui des sceaux

1. Établissements d'Antoine Fluvian (24 mai 1428), n° 22. — Bibl. nat., fonds franç. 1080, f. 102.

2. *Inventaire des Sceaux des Archives,* n°s 9927, 9928 et 9929. — Voir *planche* III, n° 7.

de papier plaqués sur cire, le prieuré de Saint-Gilles conservait, à côté du type du sceau qui était le même que trois siècles auparavant, la tradition de le plaquer sur cire noire[1].

Il y a lieu aussi de signaler ici une autre exception, très ancienne, et dont la raison s'explique parfaitement bien. Le British Museum[2] possède un sceau d'un prieur de Saint-Gilles, du XIIe siècle, qui ne répond aucunement au type consacré, et dont voici la description :

Le sceau est en cire rouge, rond, de 0m047 de diamètre, sans contre-sceau, scellé sur simple queue de parchemin. Il porte, en grosses lettres, entre deux cercles, la légende : † ARNALDVS HOSPITAL[IS] S EGIDII PRIOR. Un suppliant, les mains jointes, tourné à droite, est à genoux devant une double croix ; aucun monticule ou boule ne sert de support à la croix. C'est le type des sceaux des premiers grands maîtres.

Il peut paraître étrange que ce type primitif fût si différent de celui qui, plus tard, fut admis pour le prieuré de Saint-Gilles. Nous ferons observer d'abord qu'au moment où vivait ce prieur, les représentations des sceaux n'avaient pas pris toute la fixité que nous trouvons à une époque

1. La légende est : † SIGILLUM PRIORIS SANCTI EGIDII. Blancard : *Iconographie des sceaux et bulles*, I, 243, et pl. XCV, n° 7 (sceau de 1564).

2. British Museum, Harl. Chart. 83, C 41. — Voir *planche* III, n° 9.

postérieure et dont le texte que nous citons fait foi. En outre, le document auquel est appendu le sceau dont nous nous occupons, nous apprend que le prieur de Saint-Gilles était venu en Angleterre pour apaiser une contestation entre des monastères anglais. Si nous remarquons que le type de son sceau est celui de *tous les sceaux des prieurs anglais de l'Hôpital* au XIIe siècle[1], nous arriverons à cette conclusion que, pour donner à son arbitrage plus d'autorité et assurer le respect de l'acte d'accord qu'il authentiqua de son sceau, le prieur de Saint-Gilles fit faire un sceau au type connu par ceux dont il était l'arbitre, voulant ainsi donner plus de garanties à l'exécution de sa sentence.

Le sceau du prieuré de France n'est pas moins exactement mentionné que celui de Saint-Gilles; c'est, d'après M. Douët d'Arcq, une aigle entre deux fleurs de lys fleuronnées, avec la légende : ✝ S. HOSPITAL. IHERLM IN FRANCIA; le contre-sceau varie; il porte généralement le blason du prieur. La cire employée est toujours de la cire verte, comme nous avons pu le constater pour des exemplaires de 1235, 1262, 1318, 1427 et 1492[2].

1. Voir, sur ce point, le dessin donné par P.-A. Paoli : *Dell' origine ed istituto del S. M. O. S.*, tab. unica, p. LXII, append., n° v., et tous les sceaux des prieurs anglais de l'Hôpital conservés au British Museum; nous en avons reproduit un spécimen (planche III, n° 10).

2. Douët d'Arcq : *Inventaire des Sceaux des Archives*, nos 9890, 9891, 9892, 9893, et Arch. nat. S. 5042, n° 1. —

Au milieu du XVIIe siècle le type n'avait pas changé, puisque nous lisons dans un auteur de cette époque : « Le sceau du Temple de Paris est un aigle et deux fleurs de lis en poincte[1]. »

Le prieuré d'Allemagne ne fait pas exception ; et, si le type est plus variable que dans les autres prieurés, les éléments essentiels énoncés dans le document sur lequel nous nous appuyons se reconnaissent dans les divers spécimens que nous avons eu l'occasion d'examiner.

La couleur rouge pour la cire se trouve sur des exemplaires de 1298 et 1299, de 1401 et de 1472. Quant au type, les artistes l'ont assez librement interprété en général. Pourvu qu'ils aient fait figurer une représentation de saint Jean-Baptiste, ils ont pris peu garde de respecter, comme cela a eu lieu ailleurs, la tradition et les formes convenues ; cette absence de scrupule chez eux s'explique, jusqu'à un certain point, par l'établissement relativement tardif du prieuré d'Allemagne, le manque de limites administratives bien définies et les modifications successives et fréquentes qui y furent apportées durant le moyen âge.

Dans tous ces sceaux, il n'y a que de très légères différences d'ornementation, le type ne changeant pas. — M. le baron de Marquessac (*Hospitaliers de Saint-Jean de Jérusalem en Guyenne*) a dessiné et décrit deux de ces sceaux, notamment l'exemplaire de 1492 (Introd., p. III, et pl. XLVII, n°s 2 et 6). — Voir *planche* III, n° 8.

1. F. Mathieu de Goussancourt : *le Martyrologe des chevaliers de S. Iean de Hierus.*, 1643, II, p. 302.

Mais ce qui est important à noter, et ce qu'il nous suffit de constater, c'est la présence du type de saint Jean sur tous les sceaux que nous avons étudiés. En 1298 et 1299, le prieur de l'Hôpital pour l'Allemagne supérieure a sur son sceau un saint Jean-Baptiste, tenant dans sa main gauche un globe surmonté d'un agneau pascal, et entouré de plantes et d'arbustes[1]. Plus d'un siècle plus tard le sceau du grand prieur Hesso Schlegelholtz représente également un saint Jean debout, nimbé, portant l'agneau pascal, devant lequel est agenouillé un suppliant; les armes placées aux pieds de ce dernier ne laissent aucun doute sur l'identité de ce personnage avec Hesso lui-même[2]. Jean de Ow, en 1472, adopte la même disposition pour son sceau que celle d'Hesso[3].

Remarquons même que ce type de saint Jean tenant l'agneau pascal tendit à se généraliser sur

1. Helwig de Randersacker. — Sceau rond, cire rouge. Légende : † S' PRIORAT' DOM. HOSPITAL. IRL......UP' IORIS ALEM A-NIE; les trois dernières lettres sont gravées les unes sous les autres à droite du saint. (Arch. de Stuttgart. Ed : Dambacher, *Zeitschrift für Gesch. der Oberrheins*, IV, 127.)

2. Hesso Schlegelhotz. — Sceau rond, cire rouge. Les armes parlantes de Schlegelholtz sont un maillet (*schlegelholtz*). Légende : † S. FRIS. HESSONIS. SLEGELHOLC...... RIORATUS. ALE.....E, ORDINIS. SCI. JOHNIS. entre 2 cercles; ornementation lobée, assez riche. (Arch. de Berne, fonds du Mushafen, pièce du 22 août 1401.) K. Herquet (*J. F. de Heredia*, p. 97) interprète à tort la figure représentée sur ce sceau comme une Vierge.

3. Arch. de Stuttgart. — Cire rouge. — Saint Jean à droite d'un chevalier agenouillé; armes de la famille d'Ow, avec une partition héraldique.

tous les sceaux de l'Hôpital en Allemagne. Le sceau du prévôt de l'Hôpital « in Hauge », en 1269, avait un saint Jean-Baptiste debout, dont la main gauche tenait une hostie sur laquelle est figuré un agneau pascal[1].

Le sceau de la « Komthurei » de Schoeneck, au milieu du XIVe siècle, portait un saint Jean nimbé, debout, de face, entre deux édicules formant portail, montrant de la main droite une hostie avec l'agneau pascal et portant la gauche à son cœur[2]. Le sceau enfin du chapitre de l'ordre, créé au XVIe siècle, ne s'affranchit pas du type traditionnel, il place sous un dais d'architecture un saint Jean montrant de la main droite l'agneau pascal qui repose sur son bras gauche ; à ses pieds sont les armes de l'ordre et la légende se lit sur deux banderoles qui se déroulent à gauche et à droite du motif central de décoration[3].

1. Sceau ogival, cire brune, légende : ✝ S MANEGOLDI. POTI IN HOVGE. HERBIBIPOL. (*sic*). (Arch. Loewenstein-Rosenberg à Wertheim. Ed. Mone, *Zeitschrift für Gesch. des Oberrheins*, IV, 425.)

2. Vossberg : *Die Siegel der Mark Brandenburg*, p. 23 et pl. G 1. — Le type généralement employé pour le sceau des préceptoreries allemandes est la croix à quatre branches égales, souvent pattées, avec légende circulaire entre 2 grenetis; les précepteurs ont leurs sceaux au type armorial, et les « Johanniter Meister », c'est-à-dire les prieurs de Brandenbourg emploient également un sceau à leurs armes, qu'ils écartèlent ou qu'ils surchargent de la croix à branches égales et pattées.

3. Vossberg : *ibid.*, p. 24 et pl. G 1. La cire est tantôt rouge, tantôt verte ; le sceau mesure 40 millimètres.

Il est curieux de trouver, à défaut de persistance d'un type devenant archaïque à force d'être scrupuleusement reproduit d'âge en âge, comme dans la plupart des sceaux de l'ordre de l'Hôpital, les Hospitaliers allemands restant fidèles au type primitif de leurs représentations sigillographiques, tout en l'interprétant très librement, et cherchant à l'étendre à tous les sceaux de l'ordre.

Ce qui précède nous permet d'identifier presque certainement un sceau que M. Schlumberger a décrit dans la *Revue archéologique*, 1876, p. 55 (*Sceaux des chevaliers de l'Hôpital*). Le type de saint Jean, debout, portant l'hostie avec l'agneau pascal, comme dans le sceau de 1269, les arbustes dont est entouré le saint, comme dans le sceau de 1298, le caractère personnel et la disposition spéciale des ornements d'architecture, de la légende, des armoiries, permettent d'attribuer à l'Allemagne l'exécution de cette matrice. Son usage et sa légende sont difficiles à expliquer ; ils ont un caractère tellement général qu'on ne saurait les déterminer avec précision[1]. Quoi qu'il en soit, ce sceau se rattache à la famille des sceaux allemands de l'Hôpital, et il était intéressant de le constater.

Il reste à contrôler l'exactitude du texte sur les types des sceaux des langues de Castille et d'Aragon dont nous n'avons pu retrouver de spécimens. — Quant aux autres dignitaires qui sont

1. La légende porte : S. MILICIE : HOSPITALIS — IHEROSOLIMITANI.

mentionnés dans ce document, il est malheureusement probable qu'à moins d'un hasard sur lequel on ne saurait fonder qu'une timide espérance, leurs sceaux ont péri. Quoi qu'il en soit, nous espérons avoir rendu quelque service à ceux qui s'occupent de ces études, heureux si les observations que nous avons consignées peuvent leur être de quelque secours et les guider dans de nouvelles découvertes.

Imprimerie Daupeley-Gouverneur, à Nogent-le-Rotrou.

www.ingramcontent.com/pod-product-compliance
Ingram Content Group UK Ltd.
Pitfield, Milton Keynes, MK11 3LW, UK
UKHW020358250726
13967UKWH00005B/2359

9 782011 925